Die Welt, die uns lückenlos umgibt, steckt voller Wunder. Doch wir können sie nicht sehen. Erst wenn wir Feinheiten und Hintergründe genau betrachten, erschließt sich uns die Welt als ein vollständiger und lebendiger Organismus. Selbst in winzigen Details eines unscheinbaren Steines finden wir dann Antworten auf die alte Frage: Wie entstand die Welt?

LichtGestein

Bilder aus Jahrmillionen
Makro-Fotografien von Konrad Götz

Mythen aus Jahrtausenden
Ausgewählt von Maximilian Glas

Pattloch

Altes Testament,
Buch Genesis,
2,4b bis 2,15;
vermutlich um
950 v.d.Z.

Als Gott, der Herr, die Erde machte und den Himmel, da gab es noch keinen Steppenstrauch auf Erden, und Grünkraut sproßte noch nicht auf dem Felde; denn Gott, der Herr, hatte noch nicht regnen lassen auf die Erde, und kein Mensch war da, den Boden zu bebauen. Nur Feuchtigkeit stieg von der Erde auf und wässerte die gesamte Fläche des Erdbodens. Da bildete Gott, der Herr, den Menschen aus dem Staub der Ackerscholle und blies in seine Nase den Odem des Lebens; so ward der Mensch zu einem lebendigen Wesen.

Darauf pflanzte Gott, der Herr, einen Garten in Eden, gegen Osten, und versetzte dorthin den Menschen, den er gebildet hatte. Und Gott, der Herr, ließ aus dem Erdboden allerlei Bäume aufsprießen, lieblich zum Anschauen und gut zur Nahrung, den Lebensbaum aber mitten im Garten und auch den Baum der Erkenntnis von Gut und Böse.

Ein Strom entsprang in Eden zur Bewässerung des Gartens. Von da an teilte er sich in vier Arme. Der eine heißt Pischon; er umfließt ganz Chawila, das Goldland. Das Gold jenes Landes ist kostbar; auch Balsamharz und Karneolsteine sind dort vorhanden. Der zweite Strom heißt Gichon; er umfließt ganz Kusch. Der dritte Strom, der Tigris, fließt östlich von Assur, und der vierte trägt den Namen Euphrat.

Gott, der Herr, nahm den Menschen und setzte ihn in den Garten Eden, damit er ihn bebaue und erhalte.

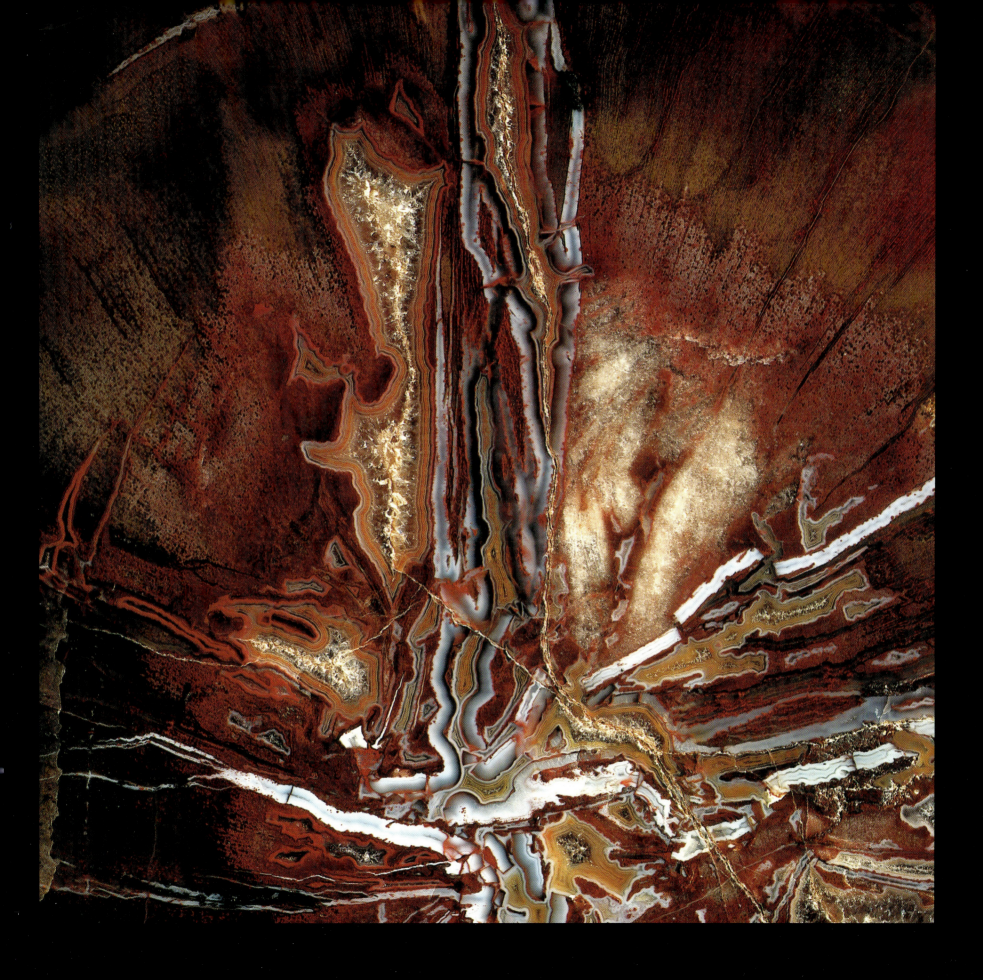

2

Samkhya, die Evolutionslehre des Rischi Kapila. Indien, um 500 n.d.Z.

Beide sind vollständige Wirklichkeit: die primäre Natur und der ursprüngliche Geist. Die Natur ist der weibliche Aspekt: aktiv, komplex, aber eins, Urstoff des Universums. Der Geist ist der männliche Aspekt: vielgestaltig und passiv; er will und erkennt keine Änderungen in Raum und Zeit, ist nicht Akteur, sondern Zeuge. Eines ist ohne das andere machtlos, aber zusammen erschufen sie die Welt:

Die Natur hat drei Grundeigenschaften: das Feine, das Aktive und die Schwere; sie sind untrennbar miteinander verwoben. Anfangs ruhten sie in perfekter Harmonie zueinander. Durch den Eingriff des Geistes aber wurde das Gleichgewicht gestört: Da begann die Evolution. Zuerst brachte die Natur die kosmische Intelligenz hervor: Sie bewirkte die Individualität, das Ich-Bewußtsein. Aus diesem entstanden zwei Gruppen von Prinzipien:

1. Im Feinen die Denkfähigkeit. Zu ihr gehören die fünf Sinne (Sehen, Hören, Riechen, Schmecken, Spüren) und die fünf Tätigkeiten (Sprechen, Greifen, Gehen, Stoffwechsel, Vermehren).

2. Im Schweren die fünf Subtilen Elemente (Klang, Berührung, Form, Geschmack, Duft), die fünf Groben Elemente (Raum, Luft, Feuer, Wasser, Erde). Die Subtilen Elemente verbanden sich mit den Groben: Klang mit Raum, Berührung mit Luft, Form mit Feuer, Geschmack mit Wasser und Duft mit Erde: Dies ergab die fünfundzwanzig Prinzipien der Evolution.

Aus diesen Elementen entstanden die Dinge der Welt: So wie sie unterschiedlich gemischt sind, meinen sie für uns verschiedene Dinge. Ursache und Wirkung sind nur Zustände des gleichen Stoffs. In immer wiederkehrendem Wechsel werden die Dinge auf- und wieder abgebaut: Evolution und Involution sind nur die atmende Bewegung von Materie und Bewußtsein, die in ihrem Wechselspiel Welten erschaffen und wieder vergehen lassen.

Theogonie des Hesiod von Askra, Griechenland, 700 v. d. Z.

Chaos, das gähnende Nichts, war der Anfang von allem. Aus ihm entstanden seine zwei Kinder: die Nacht und das Dunkel. Und aus der Verbindung dieser beiden Lichtlosen entstand ihr Gegenteil: der Tag und der Äther. Aus dem Nichts entstand auch die Erde, und mit ihr entstieg die Liebe aus dem Nichts. Deshalb erzitterte die Erde in der Glut des Lebens. Sie gebar die Berge und das Meer, und hoch über sich wölbte sie die große Kuppel des Himmels.

Sie vermählte sich mit dem Himmel und brachte so die Titanen zur Welt, zwölf göttliche Gestalten: sechs weibliche, sechs männliche. Sie gebar auch gewaltige Riesen mit fünfzig Köpfen und hundert Armen. Dazu die Kyklopen, die tief in der Erde ihre große Esse schürten; ihr Körper war göttergleich, ihr Angesicht nicht, denn mitten auf der Stirn strahlte ein einziges feuriges Auge, das Licht in die dunklen Gänge der Erde brachte.

Nachdem die Nacht mit dem Dunkel die lichten Kinder erzeugt hatte, blieb sie allein. Im Groll des Verlassenseins gebar sie Tod und Vernichtung, Alter und Trübsal, Betrug und Streit.

Die Erinnerung an ihre Kinder Tag und Äther weckte auch gute Gedanken, und so brachte die Erde auch den Schlaf, den guten Bruder des Todes, zur Welt.

Agrippa von Nettesheim:
Occulta Philosophia, 1533

Die Erschaffung alles Wunderbaren, sagt schon Hermes Trismegistos, wird vor allem durch zwei Elemente bewirkt: das Feuer und die Erde. Die Erde ist passiv, das Feuer aktiv.

Das Feuer, schreibt Dionysius, kommt in allem und durch alles zum Vorschein und verschwindet wieder. Es bewirkt in allem das Leuchten, und trotzdem ist das Feuer auch verborgen und wirkt unbemerkt.

Wenn kein Stoff mit ihm in Berührung kommt, an dem es seine charakteristische Wirkungskraft offenbart, ist das Feuer eigentlich unbegrenzt und unsichtbar. Aber es ist machtvoll in allen seinen Wirkungen: Es ergreift alles, was in seine Nähe kommt, und es erneuert. Das Feuer ist der Wächter der Natur.

In unermüdlicher Bewegung strebt es aufwärts und kann aus sich selbst auf geheimnisvolle Weise emporwachsen. Es duldet keine Vernachlässigung. Feuer ist unfaßbar und mannigfaltig in seinen Übertragungen.

Feuer ist ein unermeßlich großer Teil von allen natürlichen Dingen. Und es verbleibt die Frage, ob es denn eher verzehre oder erzeuge.

Ovid, römischer Dichter: aus den Metamorphosen, um die Zeitenwende

Ehe Ozean und Erde bestand und der Himmel, der alles
Bedeckt, da besaß die Natur nur ein einziges Wesen,
Chaos genannt, eine rohe und ungegliederte Masse,
Nichts als träges Gewicht, und geballt am nämlichen Orte
Disharmonierender Samen nur lose vereinigter Dinge.
Titan gab es noch nicht, die Welt mit Licht zu erhellen,
Phoebe bewirkte noch nicht, daß die Sichel des Mondes sich dehnte.
Noch nicht schwebte die Erde in Lüften, die rings sich ergossen,
Hängend im eigenen Gewichte; und nicht streckte die Arme
Amphitrite am weit sich dehnenden Saume der Länder.
Zwar war Erde daselbst vorhanden und Meer und auch Lufthauch,
Aber die Erde gewährte nicht Stand, das Wasser kein Schwimmen,
Lichtlos waren die Lüfte. Es schwankten die Formen der Dinge,
Eines hemmte das andre, in ein und dem nämlichen Körper
Kämpften das Kalte und Warme, es rangen das Trockne und Feuchte,
Weiches stritt mit dem Harten, was ohne Gewicht mit dem Schweren.
Aber es gab eine Schlichtung des Streites: Ein Gott, eine bessere
Kraft der Natur, schied Himmel und Erde und Wasser,
Und er trennte den heiteren Himmel vom dickeren Luftdunst.
Als er nun alles entwirrt, aus der finsteren Masse entnommen,
Band er das örtlich Getrennte zusammen in friedlicher Eintracht;
Und so schnellte die leichte, die feurige Kraft des gewölbten
Himmels empor und gewann sich den Platz in der obersten Höhe.
Ihr zunächst ist die Luft an Leichtigkeit wie auch im Raume.
Dichter als sie ist die Erde, die größere Stoffe herbeizog,
Durch ihre Schwere zusammengepreßt. Die umfließende Feuchte
Nahm den Rand in Besitz und umschloß den festeren Erdkreis.
Als so der Gott – wer immer er war – die Materie geordnet,
So sie zerteilt und die Teile zu wirklichen Gliedern gestaltet,
Ballte er gleich zu Beginn die Erde, damit sie auf jeder
Seite sich gänzlich gleiche, zur Form einer riesigen Kugel.

Jicarilla-Apachen;
genaues Alter
des Mythos
unbekannt

Finsternis, Wasser und Sturm: Nur diese drei Urstoffe – sonst gab es hier, wo heute die Welt ist, nichts: keine Erde, keine Lebewesen, keine Menschen. Aber es gab bereits die Kräfte der Natur, göttlich, machtvoll und vielgestaltig: die Hakzin, das sind die Lebens- und Formkräfte aller Wesen.

Die Kräfte schufen die Erde als weibliches Wesen: als Mutter. Dann den Himmel als männliches Wesen: als Vater. Sie blickte nach oben, er blickte nach unten. Alle Hakzin lebten noch in der Ur-Tiefe, in einer Art Schattenreich, traumhaft, stofflos und unwirklich; alle Wesen waren dort bereits als Hakzin vorhanden.

Einer aber war der Herr im Schattenreich: Es war „Schwarzer Hakzin". Aus Lehm formte er die ersten Landtiere mit all ihren Eigenarten. Dann nahm er Wasser, vermischte es mit Lehm und formte daraus die Vögel. Eines Tages schuf er den Menschen. Dazu brachten ihm Vögel und Tiere allerlei Dinge wie Mais, Blütenstaub, Lehm, Schneckenhäuser, Korallen, Opale, Türkise und andere Edelsteine.

An einem geheimen Ort blickte Schwarzer Hakzin zuerst nach Osten, Süden, Westen und Norden. Dann zeichnete er nach seiner eigenen Form einen Umriß auf die Erde und füllte ihn mit Blütenstaub. Die anderen Dinge legte er auf die Gestalt, damit Knochen und Fleisch daraus werden: aus rotem Ocker das Blut, aus Koralle die Haut, aus Türkis die Adern, aus weißem Stein die Knochen, aus weißem Lehm das Knochenmark, aus weißem Opal die Zähne, aus schwarzem Obsidian die Pupille des Auges. Und dann schickte er den Wind in den Körper des Urmenschen.

Parmenides von
Elea, Physiker,
Griechenland,
um 500 v.d. Z.

Ganz und kontinuierlich zusammenhängend ist das Sein. Es ist nicht geworden, und es ist nicht vergänglich. Es ist unveränderbar und vollendet. Weder war es irgendwann, noch wird es irgendwann sein. Denn es ist jetzt und vollständig. Welchen Ursprung wolltest du für dieses Sein suchen? Wie soll es denn gewachsen sein? Etwa aus dem Nichtseienden? Dieses kannst du nicht benennen, ja nicht einmal denken. Man kann nicht denken, daß das Sein nicht ist.

Wie kann das, was ist, erst in Zukunft sein? Wie könnte es entstehen? Wenn es entstand, ist es nicht, auch dann nicht, wenn es erst in Zukunft irgendwann sein sollte. So gibt es für das Sein weder das Entstehen noch das Vergehen.

Das Seiende muß entweder vollkommen sein – oder aber nicht sein. Es ist oder es ist nicht. Es ist auch nicht teilbar, sondern ein ebenmäßiges Ganzes. Das Seiende ist als Ganzheit voll von Sein; es weist nicht hier ein Mehr und dort ein Weniger auf, was die Kontinuität verändern könnte. Es ist vollständig erfüllt von dem, was ist: Seiendes stößt nahtlos an Seiendes.

Über das Seiende hinaus existiert nichts anderes, und es wird nie existieren, denn das Sein ist unveränderlich. Die Menschen aber haben Begriffe ersonnen und meinen, sie seien wahr: Entstehen und Vergehen, Sein und Nichtsein ...

Weil es aber eine letzte Grenze gibt, ist das Sein vollendet. Es ist in alle Richtungen vollkommen gleichmäßig, in der Form einer idealen Kugel gleich.

Die fünf Grundkräfte; nach Laotse („altes Kind", der Gelbe Alte), chinesischer Mythos

Himmel und Erde waren voneinander noch nicht getrennt, und alles war ein riesiger Ball aus Dunst und Nebel. Aus diesem Zustand formten sich die Geister der fünf Grundkräfte: die Fünf Alten. Der Gelbe Alte herrschte über die Erde, der Rote über das Feuer, der Dunkle über das Wasser, der Holzfürst über das Holz, und die Metallmutter war die Herrin der Metalle.

Die Fünf Alten setzten ihren Urgeist in Bewegung, und in der Nebelkugel sanken Erde und Wasser nach unten. Die Erde in der Tiefe wurde fest, der Himmel schwebte nach oben. Dann ließen sie das Wasser zu Flüssen und Meeren zusammenfließen; Land und Berge tauchten auf. Die Erde teilte sich also, der Himmel öffnete sich. Da entstanden Sonne, Mond und Sterne, Wind, Wolken, Regen und Tau.

Der Gelbe Alte setzte die Kraft der Erde in Bewegung und fügte die Wirkungen von Feuer und Wasser dazu: Es sprossten Gräser und Bäume, und Schildkröten, Fische, Schlangen, Insekten, Vögel und andere Tiere begannen zu leben. Der Holzfürst und die Metallmutter vereinigten das Lichte mit dem Trüben und erschufen so die Menschen als Männer und Frauen. So entstand allmählich die ganze Welt.

Zu jener Zeit gab es den Einen, den wahren Fürsten des Jadeschlosses. Er besaß Zauberkraft. Die Fünf Alten baten ihn, als höchster Gott zu herrschen. Er wohnte über den dreiunddreißig Himmeln in einem Schloß aus Jaspis und weißer Jade; es hat goldene Tore.

Jene Fünf Alten aber zogen sich zurück, nachdem ihr Werk vollendet war. Seitdem leben sie in stiller Reinheit.

Demokrit von
Abdera
(überliefert
von Hippolyt),
Griechenland,
um 400 v. d. Z.

Im unendlich Leeren bewegen sich unendlich viele Atome in unendlich langer Zeit. Diese Bewegung hat niemals begonnen. Sie ist ewig. ...

Es gibt unzählbar viele Welten von unterschiedlichster Größe. Die einen haben weder Sonne noch Mond, andere sind größer als unsere, wiederum andere haben mehrere Sterne. Sie liegen zueinander in unregelmäßigen Abständen, in einer Richtung mehr, in einer anderen weniger.

Einige entwickeln sich jetzt gerade, und andere zerfallen. Hier entstehen sie, dort vergehen sie. Manche gehen unter, weil sie aufeinanderprallen. Einige Welten sind ohne Tiere und Pflanzen – manche sogar sind ohne Wasser.

Heraklit von Ephesus, Fragmente 30, 31; Griechenland, um 500 v. d. Z.

Keiner der Götter und auch keiner der Menschen hat diesen Kosmos, und zwar genau diese wirkliche Welt, erschaffen. Immer war sie, jetzt ist sie, und sie wird immer so sein: ein stets lebendiges Feuer.

In bestimmtem Maße flammt es auf, und in bestimmtem Maße erlischt es auch wieder.

Die Wandlungen des Feuers: zuerst das Meer, vom Meer aber die eine Hälfte Erde, die andere Hälfte ein feuriger Sturm. Feuer ist gegen alles eintauschbar – und umgekehrt.

11

Monotheistische Lehre aus dem Alten Reich, Ägypten, um 2000 v.d.Z.

Lehre für König Merikare: Wohlbehütet sind die Menschen, sie sind die Herde Gottes. Er hat Himmel und Erde zu ihrem Gefallen geschaffen. Er hat die Kraft des Urwassers gebändigt. Und er hat den Lebensodem für ihre Nasen geschaffen.

Sie sind seine Ebenbilder, hervorgegangen aus seinem Leibe. Er geht am Himmel auf für ihre Herzen und fährt einher, sie zu schauen. Er hat für sie die Pflanzen und Tiere geschaffen, die Vögel und Fische, um sie zu ernähren.

Er hat ihnen schon im Mutterleib Herrscher erschaffen, als Gebieter, um den Rücken der Schwachen zu stützen. Er hat die Frevler unter ihnen getötet.

Siehe, Gott kennt jeden Namen.

Franziska
v. Kracht,
Künstlerin,
heute

Mit jedem Atemzug wird die Welt neu geschaffen. Schöpfungen gibt es soviele wie Individuen, Schöpfungsgeschichten soviele wie Menschen.

Schöpfung ist kein abgeschlossener Prozeß. Es gibt weder „Anfang" noch „Ende". Diese Begriffe sind Versuche, das Unendliche durch einen Rahmen faßbar, verstehbar zu machen. Im Sterben der Form haben wir zwar eine Erfahrung von Endlichkeit – im Gebären, im Schaffen aber den Impuls, uns der Unendlichkeit zu nähern. Schöpfung ist der aktive Prozeß, mit dem wir diesen Impuls erfüllen. Wir sind als aktiver Teil in einen Kreislauf eingebunden, gestalten ihn mit.

Der Vorrat an Möglichkeiten ist unendlich. Schöpfen heißt: aus der Fülle nehmen, aus den unendlichen Möglichkeiten auswählen und damit gestalten. Jedes Stückchen Welt, jedes Wesen trägt alle Möglichkeiten in sich. Aber jede einzelne Schöpfung ist eine individuelle Auswahl.

Wir kennen zwei Wege der Schöpfung, die sich beide ergänzen: der eine geistig und reflektiv, der andere stofflich und direkt. In jedem Gedanken wird Welt neu gestaltet – in jedem Kind wird Welt neu erschaffen. Für beide Wege gilt: In jedem Schöpfungsakt, mit jedem Neubeginn, entsteht auch die Verantwortung jedes einzelnen Wesens.

In jedem Augenblick schöpft Welt neu. Mit jedem Tag und jeden Moment erschaffe ich die Welt neu.

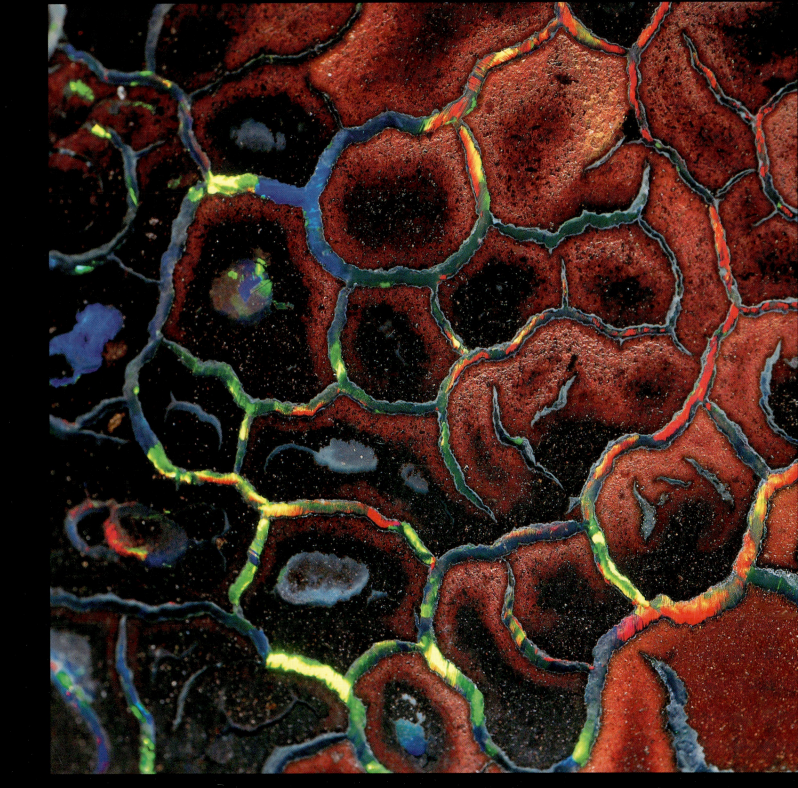

Aus den Taittirîya Upanischaden, Indien, Brâhmana, um 750 v. d. Z.

Nichtoffenbartes war am Anfang. Aus ihm entstand das Offenbare. Es schuf sich selbst ganz aus sich selbst. Darum heißt es: das Selbsterschaffene.

Was wir erkennen als das Selbsterschaffene, das ist wahrhaft die Quelle der Wonne. Denn wir werden voll von Glückseligkeit, wenn wir auf die Quelle dieser Wonne treffen.

Denn wer könnte einatmen, wer ausatmen, wenn nicht in jenem Nichts, aus dem die Welt entstand, schon diese Seligkeit ist. Das ist es wahrlich, was Leben schenkt.

Wer die Wahrheit sucht und furchtlos in das unergründliche, stofflose, unbeschreibbare und haltlose Nichtseiende eintauchen kann, der erreicht vollkommenen inneren Frieden. Und wer auch nur den geringsten Unterschied zwischen sich und dem Nichtseienden hervorruft, den ergreift die Furcht.

Eine rätselhafte Angst erfüllt jeden auch noch so gebildeten Menschen, der diesen Blick in die ewige Einheit nicht erreicht.

Das moderne Konzept vom „heißen Urknall" nach dem Friedmann-Modell

Offenbar hatte das Universum direkt im Urknall die Größe Null und war deshalb unendlich heiß. Mit der Ausdehnung des neu geborenen Universums sank auch die Temperatur von Materie und Strahlung; bei doppelter Größe halbierte sich die Temperatur. Der Theorie nach sank diese bereits eine Sekunde nach dem Urknall auf rund zehn Milliarden Grad; das ist rund das Tausendfache der Temperatur im Zentrum unserer Sonne.

In diesem Zustand würde das Universum vor allem Photonen, Elektronen und Neutrinos sowie deren Antiteilchen enthalten haben, aber auch schon einige Neutronen und Protonen. Die Temperatur sank weiter, etwa hundert Sekunden nach dem Urknall schon auf rund eine Milliarde Grad. So heiß sind manche Sterne heute noch. Protonen und Neutronen hätten aber nicht mehr genug Energie gehabt, der Anziehung der starken Kernkraft zu entkommen: Sie hätten begonnen, Kerne von Schwerem Wasserstoff zu bilden (ein Proton und ein Neutron). Einige Kerne hätten weitere Protonen und Neutronen aufgenommen und Heliumkerne (zwei Protonen und zwei Neutronen) geformt, aber auch bereits einige Kerne schwererer Elemente – jedoch noch ohne Elektronenhülle.

Einige Stunden nach dem Urknall wäre die Bildung von Helium- und anderen Kernen zum Abschluß gekommen. Dann, während weiterer Millionen Jahre, hätte sich das Universum ausgedehnt, die Temperatur wäre um einige weitere tausend Grad gefallen, und irgendwann hätten Elektronen und Kerne nicht mehr genügend Kraft und Geschwindigkeit gehabt, um die elektromagnetische Anziehung zwischen Kernen/positiv und Elektronen/negativ zu überwinden: Sie hätten begonnen, Atome zu bilden.

Peter Neubäcker, Harmoniker, über das Paradigma der Zahlenproportionen und Intervalle, heute

Pythagoras konnte zeigen, daß durch die Dynamik der Zahlenproportionen der Urstoff der Musik entsteht: die einzelnen Töne. Die Harmonik der Neuzeit sucht nach diesen Zusammenhängen auch in Planetenbahnen, Farben, Kristallen, Pflanzen, Spektren – in der ganzen Natur. Man kann dieses „Schöpfungsprinzip" an einer schwingenden Saite zeigen: Unterteilt man sie im Verhältnis ganzer Zahlen, entstehen in einer logischen Folge alle anderen Töne:

EINS. Die ganze Saite, in der Länge 1 also, repräsentiert das Vollständige. Wir hören das Ungeteilte, Unstrukturierte, eine einzige große Schwingung. In diesem klaren, monolithisch einfachen Ton aber liegt die volle Potenz der gesamten Tonwelt.

ZWEI. Teilen wir die Saite durch 2, formt sich zum Ungeteilten eine Oktave: Der offene Raum ist entstanden, und jede weitere Zweiteilung erzeugt die nächst höhere Oktave – als zyklische Struktur des ganzen Tonraumes. Die Zahlen 4, 8, 16, 32 usw. bringen also die folgenden Oktaven hervor.

DREI. Durch 3 geteilt entsteht ein völlig neuer Ton: die Quinte. Der Raum erhält die erste Form. Die leere Quinte strahlt Ruhe aus, doch bildet die Dynamik des Quintenzirkels näherungsweise die 12-Teilung des Tonraums. Die nächsten Oktavräume zu der Quinte werden durch 6, 12, 24, 48 usw. geformt.

FÜNF. In der 5. Teilung wird der Quintenraum polarisiert: in die Große Terz und in die Kleine Terz. Dur und Moll sind jetzt entstanden, und damit Freude und Trauer. Mit der 5 entsteht also im Tonraum symbolisch die Gefühlswelt.

In der SIEBEN wird die Quarte polarisiert, und in der NEUN entstehen die ersten Ganztöne und damit die Möglichkeit zum Aufbau einer Tonleiter.

Und so weiter: Bis zur unendlichen Feinheit formt sich der gesamte Kosmos der Tonwelt – entsprechend dem unendlichen Vorrat an ganzen Zahlen.

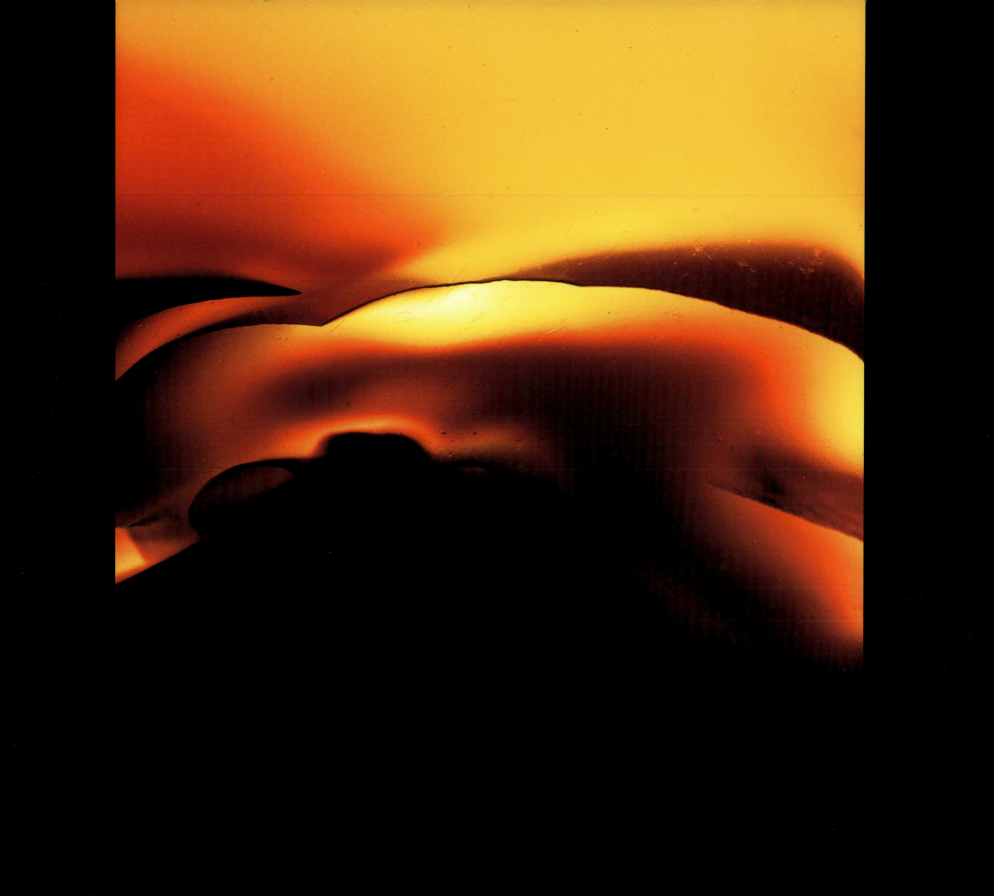

Alt-sibirischer
Mythos der
Tschuktschen,
genaues Alter
unbekannt

Rabe war das erste Wesen, von niemandem erschaffen. Denn Rabe hatte sich selbst erschaffen. Mit seiner Frau zusammen lebte er auf einem Stückchen Land. Es war klein, reichte aber gerade aus. Andere Wesen gab es nicht, keine Rentiere, Walrosse, Wale, Seehunde und keine Fische.

„Rabe, wir werden uns langweilen, wenn wir alleine bleiben. Du solltest die Erde erschaffen", sagte die Frau. „Das kann ich nicht," erwiderte Rabe. „Doch, du kannst es!" „Sei sicher, ich kann es nicht!" „Nun, wenn du die Erde nicht erschaffen kannst, werde ich selbst versuchen, mir einen Gefährten zu erschaffen – ich will mich jetzt schlafen legen." Sie legte sich hin und schlief ein.

Rabe aber blieb wach und paßte auf. Da entdeckte er, wie sich die Krallen der Rabin langsam in menschliche Finger verwandelten. Er schaute auf die eigenen Füße, doch sie blieben nur Rabenkrallen. „Ach", sagte er, „ich kann also meinen Körper nicht verwandeln."

Als er seine Frau wieder ansah, war ihr Körper bereits weiß und federlos. Da wollte auch er sich verwandeln, doch was er auch tat, es änderte nichts: Er blieb Rabe. Indes wuchs der Körper der Rabin, im Schlaf und ganz ohne Anstrengung, zu ansehnlicher Größe heran. Ihr Körper teilte sich, und sie bekam Zwillingssöhne. Dann erwachten die drei – in menschlicher Gestalt. Die Kinder sahen den Raben und lachten: „Was ist denn das für einer?" „Das ist der Vater." „Ach, das ist Vater! Wahrhaftig, hahaha", und sie stießen ihn mit dem Fuß. Die Mutter aber wies sie zurecht, und die Zwillinge gehorchten.

Der Rabe sagte daraufhin: „Nun hast du Menschen geschaffen. Jetzt werde ich gehen und versuchen, die Erde zu erschaffen. Und sollte ich nicht zurückkehren, magst du sagen: Er ist im Wasser ertrunken, laßt ihn dort bleiben." Dann flog er los, strengte sich aufs äußerste an und erschuf Hügel und Berge, Flüsse und Seen.

Das Buch des
Rats der Maya
(Popol Vuh),
Guatemala, prä-
kolumbianisch

So wurde es überliefert: Der Kosmos war in vollendeter Ruhe. Kein Lufthauch, kein Laut störte das Schweigen der Welt. Der Raum war leer: Es gab weder Mensch noch Tier, weder Fisch noch Vogel, weder Baum noch Stein. Nur der leere Raum, der Himmel und der riesige Ozean waren da. Die Erde war noch nicht sichtbar.

Nichts rührte sich, nichts war zu hören und nichts war miteinander verbunden. Still und reglos lag die Finsternis. Doch der Ozean war von Licht umgeben, und darin waren der Schöpfer, der Formgeber, der Sieger sowie die beiden Zeuger Alóm und Cahólom. Sie waren in dem grünen und blauen Gewand der Grünen Federschlange verborgen. Ihr Wesen bestand aus Weisheit. Sie erschufen auch das Herz der Welt namens „Sieht-in-der-Finsternis".

Der Sieger und die Grüne Federschlange trafen sich in der Finsternis und hielten Rat. Sie erkannten, daß mit dem Licht auch die Menschen erscheinen müßten, und beschlossen, das Leben, die Natur und den Menschen zu erschaffen.

Sie sagten: „Es soll geschehen: Die Leere fülle sich; der Ozean gebe der Erde Raum; die Erde nehme feste Form an. Licht soll den Kosmos erfüllen. Der Mensch erscheine!" Sie erschufen die Erde mit einem Wort. Sie sagten „Erde", und die Erde war da. Aus Wolken und Wassern erhoben sich die Berge wie durch ein Wunder, und Bäume bedeckten sie. Die Gebirge teilten den Lauf des Wassers in den Tälern.

So erschien die Erde, geformt vom Herzen des Himmels und vollendet nach klarer Überlegung. Das Werk erfüllte die Grüne Federschlange mit Freude.

Hopi, Arizona;
genaues Alter
des Mythos
unbekannt

Taiowa, der Unendliche, ist der Schöpfer. In seinem Geist entstand die Erste Welt, der endlose Raum. Sie hat weder Anfang noch Ende, weder Zeit noch Form noch Leben, nur die unermeßliche Leere.

Der Unendliche aber erdachte das Endliche. Als erste Kraft erschuf er Sotuknang, den Weltenbauer, ein Wesen, das den Plan eines harmonischen Seins im endlosen Raum ausführen könne.

Sotuknang sammelte im endlosen Raum alles, was an Festem vorhanden war und formte daraus neun Reiche, welche alle Möglichkeiten enthielten: Ein Reich für den Schöpfer Taiowa selbst, ein Reich für den Weltenbauer Sotuknang sowie sieben Reiche für das Leben.

Dann nahm er alles Flüssige und verteilte es auf die Reiche, dann alles Luftige und ordnete es harmonisch um jede Welt. So entstanden Anfang und Ende, Richtung und Zeit, Stoff und Form.

Nun schuf der Weltenbauer in der Ersten Welt die Kokyangwuti, die Spinnenfrau, und gab ihr das Wissen, die Weisheit und die Liebe, im Einklang mit dem Plan das Leben zu erschaffen.

Hugo Strunz,
Klockmanns
Lehrbuch der
Mineralogie,
Stuttgart 1978

Unsere Erde hat als Teil des Planetensystems und des Kosmos' eine lange Entwicklungsgeschichte hinter sich. Als junger Planet bestand sie aus einem Protonen-Elektronen-Gas (Plasma), später bildeten sich daraus Wasserstoff- und Heliumatome, und schließlich entstanden daraus durch thermonukleare Reaktionen alle weiteren Elemente des Periodensystems.

In der Erde wird der aus der kosmischen Evolution abzuleitende Durchschnittsbestand an chemischen Elementen bei hohen Temperaturen in idealer gegenseitiger Unordnung vorhanden gewesen sein. Abkühlung durch Abstrahlung von Energie in den Weltenraum hatte Entmischung in Gase und Flüssigkeiten bzw. Schmelzen zur Folge. Die Schmelzen werden sich weiterhin in Metall-, Sulfid- und Silikatschmelzen entmischt haben, wobei das schwerere Metall in die Tiefe absank und die Silikate mehr zur Oberfläche drängten.

Durch weitere Abkühlung der oberflächennahen Silikatschmelzen (Magmen) entstanden die ersten festen Kristalle bzw. Mineralien. Von diesen werden die schwereren abgesunken, die leichteren in der Restschmelze aufgestiegen sein, bis schließlich die ersten magmatischen Gesteine (Granite, Diorite, Gabbros usw.) entstanden, die zum Teil heute in der Erdtiefe sicherlich weiterhin entstehen.

An den magmatischen Gesteinen setzten nun die Verwitterung, Abtragung und Ablagerung ein, und es entstanden die ersten Sedimentgesteine (Kalke, Sande, Tone). An den Sedimenten, auch an magmatischen Gesteinen, konnten bei Absenkung in größere Erdtiefe Umkristallisationen erfolgen; es entstanden die metamorphen Gesteine (Marmor, Quarzit, Glimmerschiefer, Gneis).

So hat eine Fülle unterschiedlicher Differenzierungsvorgänge die heutige Stoffverteilung unserer Erde entstehen lassen.

Sokrates, in
Platons Phaidon,
Griechenland,
um 400 v.d.Z.

Von allem die Ursache zu wissen, wodurch alles entsteht, besteht und vergeht, erschien mir in meiner Jugend als etwas Großartiges. Hundertmal überlegte ich hin und her, wie die Tiere entstünden, ob es wohl das Blut ist, mit dem wir denken, oder die Luft, oder das Feuer, oder nichts von alledem, weil es das Gehirn ist, das die Wahrnehmungen entstehen läßt.

Als aber jemand aus dem Buch des Anaxagoras vorlas, daß die Vernunft das Ordnungsprinzip und die Ursache aller Dinge sei, gefiel mir das. In gewisser Weise schien es mir richtig, daß die Vernunft die Ursache von allem sei. Und wenn es so ist, wird die Vernunft ja auch die Ordnung für alles zum Besten einrichten.

So freute ich mich, einen Lehrer gefunden zu haben, der dann auch sagen könnte, ob die Erde flach oder rund sei, und zwar aus welcher Notwendigkeit und Ursache. Und wenn er behauptete, sie stünde in der Mitte, dann könnte er auch erklären, warum dies besser sei. Genauso hätte ich ihn nach Sonne, Mond und allen anderen Gestirnen fragen können, nach ihren Geschwindigkeiten und Umlaufbahnen ...

Doch diese wunderbare Hoffnung wurde enttäuscht, als ich weiterlas und herausfand, daß Anaxagoras das Konzept mit der Vernunft gar nicht weiter entwickelte und für die Ordnung keine weiteren Gründe nennt – dafür aber allerlei Luft, Äther, Wasser und noch vieles Verwunderliche ...

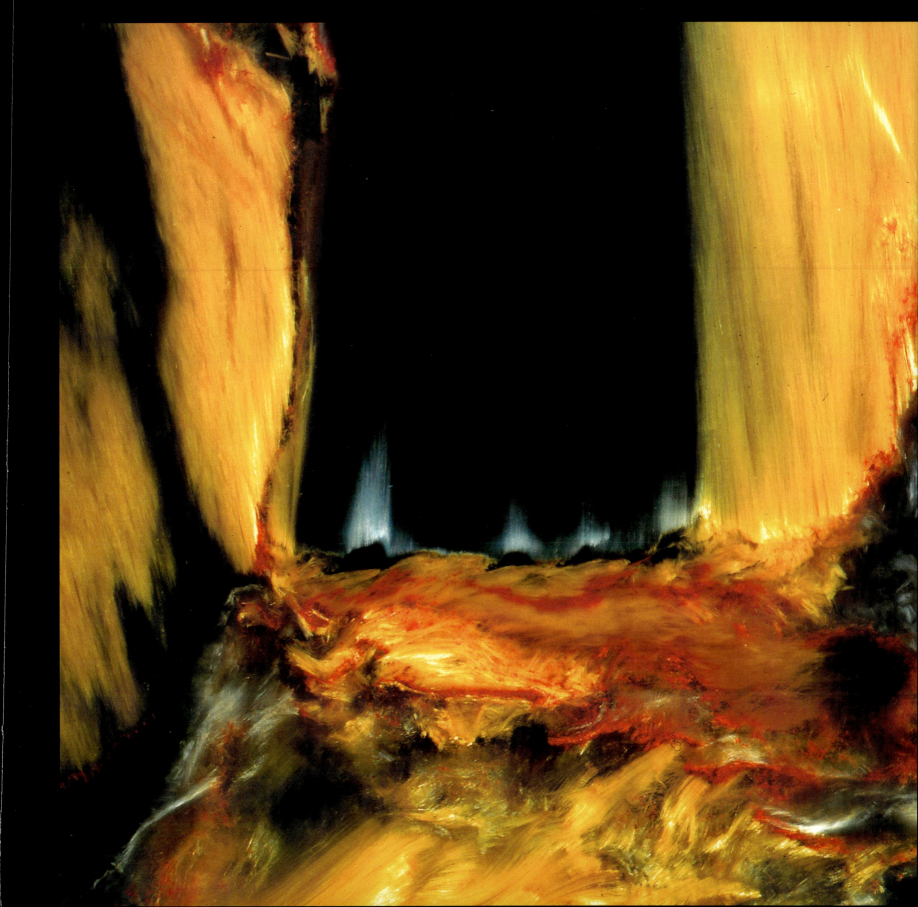

Timaios von
Lokri (aus dem
Platon-Dialog),
Griechenland,
um 350 v.d.Z.

Welchen Grund mag der Demiurg, der Schöpfer des Weltganzen, gehabt haben, den Kosmos zu ordnen? Er wollte, daß alles so gut wie möglich sei. Da aber alles Sichtbare in ordnungsloser Bewegung war, brachte er es in eine Ordnung, da ihm dies besser schien. Als Bestes aber erschien ihm nur das Schöne.

Er fand, daß nichts schöner sei, als ein mit Vernunft erfülltes Ganzes, daß aber ohne Seele nichts Vernunft haben könne. Deshalb gab er der Seele die Vernunft und der Materie die Seele. Daraus gestaltete er den Kosmos, damit die Natur das schönste und das beste Werk sei. So erschuf der Demiurg die Welt als ein beseeltes, vernunftbegabtes Lebendes.

Das Geschaffene aber muß körperlich, sichtbar und greifbar sein. Nichts aber wird ohne Feuer sichtbar noch ohne Erde anfaßbar sein. Deshalb schuf der Demiurg das Weltall aus Feuer und Erde. Es ist aber unmöglich, diese beiden Elemente ohne eine Vermittlung miteinander zu verknüpfen. Das schönste Band aber muß Feuer und Erde mit sich selbst in einem guten Verhältnis vereinigen. Damit etwas Festes entsteht, sind aber zwei Vermittler notwendig. Deshalb fügte er zwischen Feuer und Erde die Elemente Wasser und Luft ein.

Er schuf die Elemente so gut wie möglich in gleichmäßigem Verhältnis: Feuer zu Luft wie Luft zu Wasser – und Luft zu Wasser wie Wasser zu Erde. Als er die Elemente miteinander verknüpfte, schuf er den sicht- und faßbaren Kosmos.

In seine Mitte setzte er die Weltseele ein, die den Kosmos durchdrang und auch von außen umgab. So formte er den alleinigen und einzigen Himmel, einen im Kreis drehenden Kreis, der sich durch eigene Kraft selbst befruchten konnte.

Yuchi-Indianer
von Oklahoma;
genaues Alter
unbekannt

Yohah, der große Stern, gab sein erstes Licht auf die noch junge Erde. Sie war aus dem Chaos, dem Schlamm des Ur-Ozeans, durch einen Krebs solange aufgetürmt worden, bis Land über dem Wasserspiegel erschien.

Ein Bussard hatte dann in die weiche Erde mit dem Schwung seiner Federn Berge und Täler geformt und mit dem Wind seiner Schwingen das Land getrocknet.

Doch Yohah, der Stern, beleuchtete nur einen kleinen Teil der jungen Erde. Deshalb kam der Mond und gab weiteres Licht dazu. Doch dann erschien die Sonne im Osten der Erde und überflutete das Land mit ihrem lebensspendenden Licht. Denn sie, die Sonne, war die Mutter von allem.

Während sie über den weiten Himmel reiste, fiel ein Tropfen Sonnenblut auf die Erde herab und vermischte sich mit Staub und Lehm, und so entstanden die ersten Menschen.

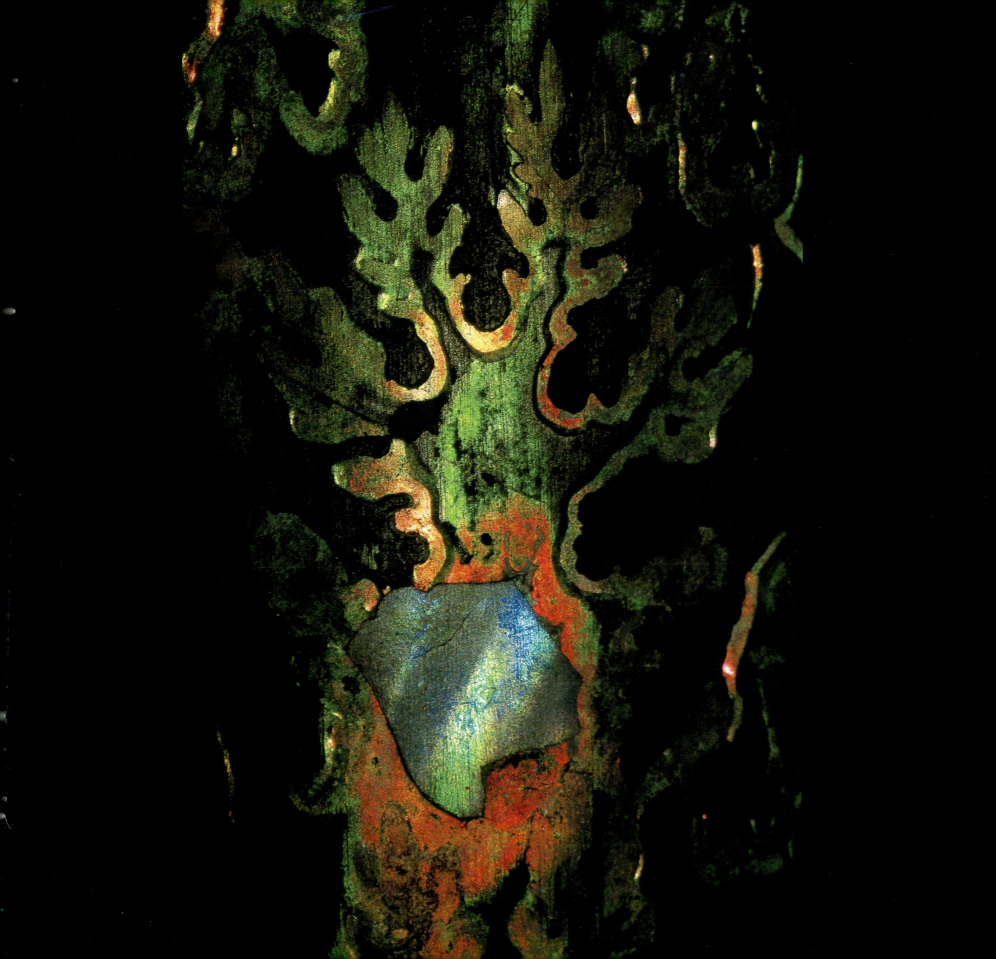

Dschuang Dse,
taoistischer
Philosoph,
um 300 v. d. Z.

Zu Beginn war das nicht benennbare Nicht-Sein des Nicht-Seienden. Daraus entstand das Eine, das Leben, als ein reiner Begriff. Es war noch ohne Form, doch war das Teilen in ihm bereits angelegt.

Aus der Dynamik von Ruhe und Bewegung ergab sich dann die Form der einzelnen Dinge sowie das ihnen zugehörige Wesen. Beide, sowohl die räumliche Form als auch der darin anwesende Geist, haben ihre eigene Wirkung. Dies nennen wir Natur.

Ist die Natur in Harmonie, dann kommt sie direkt vom Leben. Und dieses höchste Leben kommt aus dem Anbeginn. Darin erweist es sich als transzendent, und darin als großartig und vollständig. Diese Vollständigkeit ist vereinigt mit den Kräften von Himmel und Erde.

Und diese Vereinigung ist rätselhaft. Sie mag uns banal und bewußtlos erscheinen. Und doch liegt darin das offenbare Geheimnis des Lebens und auch aller Erscheinungsformen.

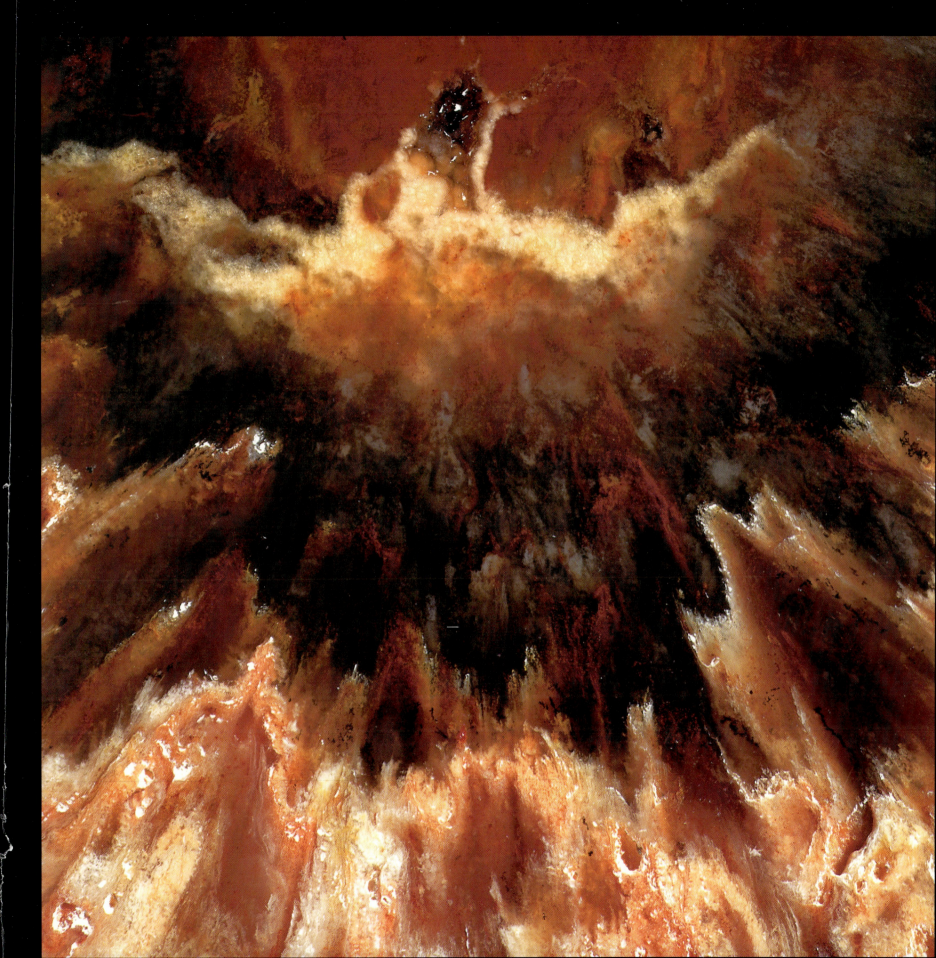

Über dieses Buch

Die Bilder dieses Buches sind Makro-Fotografien kleiner Details, oft im Millimeterbereich, von Mineralien, Fossilien und Edelsteinen. Sie gewähren überraschende und seltene Einblicke in einen Bereich, der uns für gewöhnlich verschlossen ist: das Reich der Gesteine und Kristalle.

Der Münchner Fotograf Konrad Götz bekam eines Tages von dem Paläontologen Karl A. Frickhinger ein Fossil vorgelegt mit der Bitte, es zu dokumentieren. Damit begann für ihn eine Reise. Als könnte er durch den Stein hindurchblicken, sah er plötzlich jenseits der wissenschaftlichen Aussage der Versteinerung in eine bizarre Ur-Landschaft hinein. In eine Gegend ohne Zeit und Geschichtsschreibung. In einen fein belebten Raum voll Licht und Farben, mitten in einem Stein! Und er fotografierte diese Landschaft. Seitdem häufen sich im Atelier von Konrad Götz versteinerte Hölzer, Ur-Algen, Ammoniten, Opale, Achate, Carneole, Turmaline und andere Steine, Zeugnisse aus einigen Milliarden Jahren Erdgeschichte.

Der Publizist Maximilian Glas hat den Ur-Landschaften von Konrad Götz Schöpfungskonzepte gegenübergestellt: aus verschiedensten Kulturkreisen, mit unterschiedlichsten Denkansätzen, einfache Bilder und komplexe Systeme, steinalte Mythen und modernste Theorien. Einmal darf die Welt von selbst entstehen, dann wieder gibt es einen Schöpfer. Die Notwendigkeit des Entstehens streitet mit dem Zufall. Der Sinn der Schöpfung steht den Urkräften gegenüber. Die Frage nach der Entstehung der Welt wird hier zur Frage nach der Entwicklung des Bewußtseins. Und für jeden einzelnen Menschen ist Schöpfung etwas ganz Persönliches.

Bilderläuterungen

Titelbild Edelopal aus fossilem Holz, Nevada, USA, 15 Millionen Jahre alt; Ausschnitt 3x4mm

Innentitel Boulderopal, Australien, Detail aus Bild **7**

1 Fossiles Holz der Woodworthia arizonica, Utah, USA; Alter 180 Millionen Jahre; 40x40mm

2 Achat mit Goethit-Pigmenten, Brasilien; Ausschnitt 2x3mm

3 Achat von Rio Grande do Sul, Brasilien; Ausschnitt 13x18mm

4 Pietersit (Krokydolith in Quarz), Namibia; Ausschnitt 3x3mm

5 Fossiles Holz der Araucaria arizonica, Petrified Forest, Arizona, USA; 170 Millionen Jahre; 50x50mm

6 Fossiles Holz der Araucaria arizonica, Arizona; Alter 170 Millionen Jahre; Ausschnitt 8x11mm

7 Boulder-Opal von Südaustralien; Ausschnitt 8x11mm

8 Achat mit Eisenoxiden, Brasilien; Ausschnitt 4x4mm

9 Fossile Uralgen (Collenia, Stromatolith), Corsica Mine, Minnesota, USA; Alter 2,5 Milliarden Jahre; Ausschnitt 8x12mm

10 Achat mit Eisenoxiden, Ackerfund von Berschweiler bei Idar-Oberstein; Ausschnitt 4x4mm

11 Perlmuttschicht des Ammoniten Sphenodiscus aus South Dakota, USA; Alter 70 Millionen Jahre; Ausschnitt 13x18mm

12 Boulderopal von Queensland, Australien, Sammlung Manfred Szykora; Ausschnitt 18x18mm

13 Fossiles Holz der Araucaria arizonica, USA; Alter 170 Millionen Jahre; Ausschnitt 13x18mm

14 Lobenlinien eines Ammoniten, South Dakota, USA; Alter 70 Millionen Jahre; Ausschnitt 20x30mm

15 Achat mit Membranstrukturen und Eisenoxiden, Rio Grande do Sul, Brasilien; Ausschnitt 5x5mm

16 Riß in fossilem Holz, Petrified Forest, USA; Alter 170 Millionen Jahre; Ausschnitt 50x50mm

17 Fossiles Fichtenholz mit Chalcedon, Nevada, USA, Alter 150 Millionen Jahre; Ausschnitt 8x11mm

18 Fossile Uralgen (Collenia) mit Hämatit, Corsica Mine, Minnesota, USA; Alter 2,5 Milliarden Jahre; Ausschnitt 9x9mm

19 Turmalin-Kristalle auf Rauchquarz, Himalaya Mine, Kalifornien, USA; längster Kristall 3 cm

20 Pietersit aus Namibia; Ausschnitt 3x3mm

21 Fossile Uralgen mit Hämatit, Corsica Mine, USA; Alter 2,5 Milliarden Jahre; Ausschnitt 3x4mm

22 Fein verzweigte Lobenlinie mit Perlmuttrest eines Ammoniten aus South Dakota, USA; Alter 80 Millionen Jahre; Ausschnitt 6x8mm

23 Araucaria, fossiler Zapfen, Cerro Cuadrado, Patagonien, Argentinien; Alter 210 Millionen Jahre; Ausschnitt 4x4mm

Technische Angaben

Die Bilder dieses Buches entstanden im Studio für Makrofotografie Konrad Götz, Germering. Sie wurden mit Makroobjektiven von Olympus aufgenommen, montiert an Kameras von Olympus und Hasselblad. Besondere Dienste leisteten Makrozubehör und Lichtquellen der Firma Kaiser Fototechnik.

Zum Einsatz kamen außerdem Balgengeräte von Novoflex und das Multifocus-System der Münchner Firma Zörkendörfer. Filmmaterial waren die feinstkörnigen Filme von Kodak und von Fuji.

Texte

Die Texte 12 und 15 wurden für dieses Buch verfaßt. Sonstige Quellen waren: für Text 1 die Übersetzung von V. Hamp und M. Stenzel; Pattloch Verlag. Die Texte 2 und 13 wurden von Alexandra Romanova aus dem Sanskrit übertragen. Text 5 stammt aus: Ovid, Metamorphosen, Übersetzung H. Breitenbach, Artemis & Winkler-Verlag, Zürich 1958. Text 11 wurde entnommen aus: Mircea Eliade, Geschichte der religiösen Ideen, Quellentexte, Verlag Herder, Freiburg 1981. Alle anderen Texte wurden vom Herausgeber dem Sinn des Buches gemäß übertragen und bearbeitet.

Impressum

Die Deutsche Bibliothek – CIP-Einheitsaufnahme

LichtGestein : Bilder aus Jahrmillionen – Mythen aus Jahrtausenden / Fotogr. von Konrad Götz. Hrsg. von Maximilian Glas. – Augsburg : Pattloch, 1998
ISBN 3-629-00743-0

Es ist nicht gestattet, Abbildungen (oder Teile davon) dieses Buches zu scannen, in PCs oder auf CDs zu speichern oder in PCs/Computern zu verändern, einzeln oder zusammen mit anderen Bildvorlagen zu manipulieren; es sei denn mit schriftlicher Genehmigung des Verlags.

Gedruckt auf dem chlorfrei gebleichten Papier PRAXIPRINT 170g/qm der Firma Hartmann & Flinsch GmbH

Pattloch Verlag, Augsburg
© 1998 Weltbild Verlag GmbH

Gestaltung: Maximilian Glas
Lithographie: J. Priegnitz, München
Druck und Bindung: Appl, Wemding

Printed in Germany

ISBN 3-629-00743-0